내 안에 하늘이 조금만 더 컸으면 해

시와함께—04

열정시대 동인 4인 시집

내 안에 하늘이 조금만 더 컸으면 해

김경진,
김준호,
신정아,
최진영,

문화발전소

열정시대 동인 4인 시집
시와함께 — 04
내 안에 하늘이 조금만 더 컸으면 해

제1쇄 인쇄 2019. 9. 20
제1쇄 발행 2019. 9. 25

지은이 김경진 김준호 신정아 최진영
펴낸이 서정환
엮은이 민윤기
펴낸곳 문화발전소
서울시 종로구 삼일대로 32길 36 운현신화타워 305호
see편집국 : 서울시 종로구 종로 1가 르메이에르 종로타운 1031호
Tel 02-742-5217 Fax 02-742-5218

ISBN 979-11-87324-43-0 04810
ISBN 979-11-87324-35-5 (세트)

「이 도서의 국립중앙도서관 출판예정도서목록(CIP)은
서지정보유통지원시스템 홈페이지(http://seoji.nl.go.kr)와
국가자료공동목록시스템(http://www.nl.go.kr/kolisnet)에서
이용하실 수 있습니다.(CIP제어번호: CIP2019033513)」

정가 10,000원

ⓒ 2019 문화발전소
PRINTED IN KOREA

*저자와의 협약에 따라 인지는 생략합니다.
*파본 및 제본이 잘못된 책은 구입서점에서 교환하여 드립니다.
*이 책은 저작권법에 의하여 보호받는 저작물이므로
 이 책의 전부 또는 일부를 재사용하려면
 반드시 문화발전소와 저자의 허락을 받아야 합니다.

시집으로 들어가면서

맑고 투명하고 새롭습니다

청년시인 네 분이 시집을 냅니다.
이 네 분은 월간 '시'가 공모하는 '청년시인상'에
당선하여 시단에 데뷔하여 열씨미, 말馬 달리듯 시를
쓰는 '열정시대熱情時代' 동인들입니다. '열정시대' 동인은
청년시인상 출신 시인들 중에서도 가장 '열씨미' 시작
활동을 하는 시인들입니다.

지금은 시의 위기라고 말하는 분들이 많습니다.
독자들은 뭔 말인지 알 수도 없는, 무슨 암호와 같은
문자를 늘어놓고 이것을 시라고 우기는 시인들이 많기
때문입니다.

저는 시의 위기라는 지적에 어느 정도 공감합니다. 그러나
난해한 시를 쓰는 시인들만의 잘못은 아닙니다. 그보다는
윤동주 백석 이상 정지용 이육사 같은 훌륭한 시인이
되려고 하는 젊은 시인들이 예전보다 적어진 데서 더 큰
위기를 느끼고 있습니다. 시인단체들이 주최하는 행사에
참석해 보면 이 말이 실감날 것입니다. 시인들의 행사장은

마치 양로원 같기 때문입니다.

그래서 월간 '시'는 아예 신인을 공모할 때, 45세 이하의
젊은 시인들이 참여하는 청년시인상 제도로 신인을
발굴하고 있습니다. 이 시집에 신작을 발표하는 시인들은
모두 이 청년시인상에 당선한 분들입니다.

청년시인상 당선시인에 대한 제 기대는 틀리지
않았습니다. 맑고 투명하고 새롭습니다. 때문은 시어詩語에
오염되지 않았고 낡고 상투적인 표현은 하지 않습니다.
물론 아직도 많이 서투르고 공부가 부족합니다.

열정시대 동인시집에 작품을 발표한 네 분의 청년시인들을
사랑하고 존중하며 당부합니다.
더 용감하시라! 더 정진하시라! 더 힘 차시라!

> 2019년 9월
> 월간 시 편집인 민윤기 시인

김경진,

⟨뜸 들이는 저녁⟩ 외

뜸 들이는 저녁 —— 18
나날 —— 19
송가 —— 20
발톱 —— 21
손이 하는 일 —— 22
액자 —— 23
데생 —— 24
엘리가 죽은 날 —— 25
이불을 걷는 시간 —— 26
속사정 —— 27
기차 안에서 —— 28
속사정 2 —— 29
쌍방과실 —— 30
일자손금 —— 31
한 여름의 과실 —— 32
지평선을 걷다 —— 33
나의 만다린 —— 34
굿모닝 —— 35
숨바꼭질 —— 36
백야 —— 37

시작 노트

사실 나는 아직 시라는 것을
제대로 알지 못한다.
그렇다고 모르는 채로
시를 알고 싶지 않다.
지난겨울, 국문학과를 졸업한
여자친구에게 전공 책인
시론을 받고
시를 배우기 시작했다.
시는 알면 알수록 신기했다.
시를 전부 다 알고 있다는
사람은 거짓말인 거 같다.
그래서 나는 아직도 시를
배우고 있다. 대부분 작품들의
분위기는 그렇게 명랑하고
긍정적이지 않다.
그렇다고 해서 인간성 자체가
부정적인 사람은 아니다.
내재된 슬픈 마음들을 육성으로
내치를 수 없어서 텍스트로
헛것 소리를 질렀을 뿐이다.
내 맘대로 할 수 없다는 게
참으로 웃픈 일이지만,
나는 이런 오픈 시로 꿋꿋이
살아가고 있다. 내 시를 읽고
부디 나를 시인으로
선을 긋지 말아 주기를 당부드린다.
나도 그 속에서 친근하게
이야기를 나누고 싶은
동반자이고 싶다.

김준호,

⟨별똥별⟩ 외

소라 —— 40
별똥별 —— 41
노을 —— 42
언제부터인가 —— 43
하루살이 —— 44
커피 —— 45
사랑 —— 46
보름달 —— 47
봄 —— 48
우체통 —— 49
불행 —— 50
서울 —— 51
시인의 고백 —— 52
가시오가피 —— 53
가난 —— 54
이별 —— 55
죽은 자는 산 자를 위해 소리 없이 흐느낀다 —— 56
경청 —— 57
소망 —— 58
금반지 —— 59

시작 노트

말 주변이 없는 터라 막상 시작노트를 쓰려니
무슨 말을 해야 할지 모르겠습니다.
다만 저는 그동안 읽히는 시를 쓰기 위해 노력해왔습니다.
앞으로도 그럴 것이고요. 이번 동인지도
많은 독자분들께 닿아, 읽힐 수 있길 바라는 마음으로
추려낸 작품들이 가득합니다. 예쁘게 봐주시고
항상 행복하시길 바랍니다.

신정아,

〈가난한 벼에게〉 외

오동나무 ——— 62
가난한 벼에게 ——— 63
회상 ——— 64
꽃이 내게로 오다 ——— 65
비우기 ——— 66
등나무 ——— 67
안부 ——— 68
동행 ——— 69
부부는 말이 없다 ——— 70
산은 허리가 있다 ——— 72
등 돌린 사람아 ——— 73
가짜 ——— 74
놓다 ——— 75
말일을 기다리다 ——— 76
발톱 ——— 78
방의 존재 ——— 80
나에게로 오는 길 ——— 81
허수아비를 사랑하다 ——— 82
사랑니 ——— 83
안경 벗기 ——— 84

시작 노트

"이렇게 써야 한다", "이렇게 쓰면 안 된다"는 십여 년이 넘도록 시를 공부하면서 숱하게 들어온 말입니다. 그러나 '이렇게' 써야 한다는 걸 안다고 해서 '이렇게' 써지는 것은 아닙니다. 사실 '이렇게' 쓰는 것이 정답인지조차 이제는 헛갈릴 지경입니다. '이렇게'라는 언어로 함축하기에는 시 창작의 방법이 너무나도 다양하기 때문입니다. 물론 노트북 앞에 앉거나 연필을 드는 순간 아무 일 없었다는 듯이 시상詩想이 사라지고 마는 때도 있습니다. 시상이 언어가 되려는 찰나 유치해지는 것이지요. 시상 또는 영감靈感과 달리 언어는 허상에 불과하기 때문이다, 라는 것은 위로에 불과합니다. 그래서 숨 쉬는 언어와 감성으로 노래하는 시인을 존경하고 '무엇'을 쓸까보다는 '어떻게' 쓸지를 늘 생각합니다. 시를 창작하는 데 있어서 '언어'와 '어떻게'는 떼래야 뗄 수 없는 관계일 것입니다. 베테랑 작가는 그분靈感이 자주 오셔서 '똑똑똑' 이마를 두드리며 "나 여기 있어!"라고 이야기한다고 합니다. 보잘 것 없는 저에게는 도무지 찾아와 주지 않으니 그저 열심히 읽고 쓰는 수밖에요. 그래도 시가 곁에 있는 오늘이 늘 설렙니다.

최진영,

〈연어〉 외

연어 1 —— 88
연어 2 —— 89
편의점에서 —— 90
절에 올라 —— 91
죄다 별이 된다면 —— 92
참전용사 —— 93
아이스 아메리카노 —— 94
지하철에서 —— 95
싸 보여? —— 96
땅의 온도 —— 98
낚시질 —— 99
해바라기 —— 100
김성래 —— 101
백야 —— 102
빌딩 파도 —— 103
응급실에서 —— 104
강북삼성병원 —— 106
신춘문예 —— 107
엄마 —— 108
병원에서 —— 109
화분 —— 110

시작 노트

세상 모든 만물이 신께서 주신 시제라고 생각하고 있습니다. 비록 제 검은 눈이 오염된 머리카락처럼 캄캄해 세상의 빛을 제대로 바라보지 못하고 있습니다만 하나님께서 감사하게도 제게 허락해주신 삶과 자연 덕분에 부족한 몇 편의 시들을 써봤습니다. 지금 제가 쓴 시들을 가만히 보면 습작하던 시절의 시들이라 많이 서툴고 부족한 시들이 많이 들어가 부끄럽기 그지없으나 열 손가락 깨물어 아프지 않은 자식이 없다는 말처럼 미진한 자식들이지만 용기를 가지고 세상에 내보내려 합니다. 독수리는 자식들이 하늘을 날 수 있도록 몇 번이고 낭떠러지로 밀어 떨어뜨린다고 합니다. 저도 같은 심정으로 제 시들을 낭떠러지라는 세상에 밀어 모쪼록 독자 분들의 품을 향해 날아갈 수 있기를 바랍니다.

김경진,

〈약력〉
'일상을 새기고 순간을 사랑하는
젊은 시인'입니다.

뜸 들이는 저녁

집에 오자마자 쌀을 씻는다
온전한 그리움이 가라앉을 정도로

그 뒷모습에는
슬픈 육체가 서 있다

너도 분명 쌀을 씻고 있겠지

뿌옇게 가려진 손마디에
나타난 부르튼 표정

어쩌면 우리는 서로 잠겨 있었나

나날

가끔은 미친 듯이 보고 싶어
밤하늘 호숫가 위로
물수제비처럼 튀어 오르고 싶은 날도 있다

어스름이 기지개를 펴고
집으로 돌아가는 길
그림자 몰래 빼놓고
너에게 달려가고 싶은 날도 있다

그럼 소소함의 일상에서
너를 알게 되어

나는 행복하다

송가

녹음이 없는 가로수에 떨어진

매미 한 마리

텅 빈 공간에는

메아리가 없다

발톱

손과 발의 거리가 멀어서
같잖은 부탁을 들어준

당신이 고개를 숙이며
잠에서 깬 초승달을 채집한다

별은 따주지 못해도
달을 따주는 당신을 보며
괜히 미안한 나머지

톡, 톡

발톱 사이로 수줍은
달무리가 새어 나온다

손이 하는 일

떠나는 것에 안녕 하는
작은 흔들림

아무 표정 없이
흔들면 흔들수록

손등은 두 눈동자를 읽고
점점 느려지기 시작한다

액자

여백이 남은 곳곳에
그대를 위한 풍경을 담고 싶다

걸작 속에서 순간을 함께
아무도 모르게

그대를 걸기 위한
견고한 벽이 되고 싶다

데생

생채기가 나버려 소독 없이
지우개로 닦아야 하는 하루
흑연 자국이 번질수록
그림자는 지워진다

차-다한 가로등
그 빛은 달이 부르는 휘파람

내일의 시작은 서투른 솜씨로
직직, 끄적이며
점점 닮고 있는

미색 도화지 위에
대충 그려진 사람

색을 잃어버린
누군가의 초상화

엘리가 죽은 날

실종 신고 서명란에
빨간 글씨로 내 이름을 썼다

조바심 때문일까 충혈된 눈을 비벼도
계속 터지는 눈물 자욱 같은 혈관

자꾸 입어도 입고 있어도
훌렁훌렁 자꾸 벗겨지는 일상

죽음을 먼지로 말하던 엘리를 떠올리며

이제는 먼지 하면 창문 한 쪽에
송가를 부르던 입김에 성에가 끼고

엘리는 먼지 같은 말을 남긴 시점으로
엘리가 없는 엘리만의 기념일이 탄생되었다

그 생각을 하니 이미 늘어진
바지를 벗고 싶다

이불을 걷는 시간

새벽을 뒤척이는 이불 밖으로
튀어나온 표정 없는 네 발

못다 한 사랑을
꿈에서 하는 동안

침대는 이렇게 말한다
아직, 우린 멀어
반으로 갈라진 시트의 얼굴에는
튀긴 침으로 흥건하다

발의 몸짓은
공중으로 흩어지다가
창틈으로 새어나가고

안녕, 울림은 유한하지만
기도에서 막혀버리는 소화불량 같은 증상

단기기억증
     상실

속사정

거짓말처럼 길어지는 장마는
빗줄기마저 길어진다

우산을 들고 있는 남자가
비를 내려다 보는 첨탑을 올려다보고

첨탑은 내리는 비를 올려다보며
배경을 잃어버린 소실점이 된다

아직도 첨탑 끝에 비가 내리고
표정이 무성한 하늘에 비가 내린다

어깨가 결리기 시작했다

기차 안에서

당신 곁에서
멀리 떠나왔을까

그렇다고 단정 지어도
객차처럼 길어지는 부정

결국 당신은 아니었다
그렇게 되뇌고는 차창 밖에는

덜컹,
평행을 이루던 레일이
눈꺼풀 아래로 미끄러진다

속사정 2

글자를 잘못 먹은 탓인지
식중독에 걸린 적 없던 나에게
책상을 붙잡는 날이 왔다

배를 쥐어짜는 듯한 통증에
몇 칸 접어둔 페이지를 꽉 쥐고
내내 앓는 소리를 냈다

아무래도 병원을 가야겠다
분명 의사는 이렇게 진단하겠지

잘못 먹은 게 아니에요
잘 못 쓴 탓이죠

쌍방과실

내가 아플 때
너도 아프기를

내가 원망할 때
너도 원망하기를

그래야
덜 아프고
덜 원망하게 될 테니

일자손금

아직인생은창창하지만돈은못벌어도글쓰다가죽을인생

비죽 튀어나온 성공선

한 여름의 과실

창밖으로 들어온 바람으로 시작되는 꿈

그녀가 밟고 지나간 발자국에 피어오른 흙냄새
뒤따라가는 동안 자주색 숲으로 빨려 들어가고

우리의 밤은 어디로 시작되는 걸까

독백의 씨앗에서 희망으로 부풀어 오른 과육
달큰달콤 퍼지는 나날

한낱 언제 가는 맺혀버리고

지평선을 걷다

노을 색 입술이 마를 때
소금기 적신 탈지면으로 닦아내는
또 다른 끝

갈 곳 잃은 손길에 남겨진
보라색 손수건 바라보며
우리는 반대쪽으로 걸어야 한다

몇 해가 지나서야
의연한 발자국이
지구상에 사라질 때까지
적어도 우리는

굳게 다문 입술 사이로
다른 이야기를 시작해야 한다

김경진

나의 만다린

우리는 앞으로 오렌지주스라고 말하지 말자
무가당 백 퍼센트 이런 거 다 치워버리고

원산지가 캘리포니아인지, 스페인인지 남아공인지
다 잊어버리고

우리는 만다린
만다린 주스라고 말하자

우리의 사전에 수록되는 언어에서
이제는 오렌지주스는 사라졌어

그냥 우리는 만다린 주스야

굿모닝

서로 등을 돌린 채
제법 고요하다

노크도 없이 비집고 들어온 아침인지
네 살빛에 드리운 따뜻함인지
깨어나기 직전의 잠꼬대인지

등과 등 사이로
곡선으로 움직이는
자잘한 숨소리
침대 다리마저 후들거리는
가수면 상태 속

우리는 슬픈 박제들

숨바꼭질

숨는 것이 두려워
길거리에 멀뚱히 서 있다

나는 그림자를 찾지 못한다
나는 그림자를 찾지 않는다
나는 숨바꼭질을 못하는 술래이다

드문 보이는 머리카락을
애써 모르는 척하느라

오늘도 두 손바닥으로
두 눈을 감는다

백야

너는 겨울의 남극을 걷고 있었고
나는 여름의 북극을 걷고 있었다

나는 짧은 밤에 한낮의 사랑을 꿈꾸고
너는 짧은 낮에 한밤의 사랑을 떠올린다

서로 등 돌릴 때
길어지는 시차들

우리는 긴긴밤을 맞이하기 위해
수많은 실을 짜야 한다

더 이상 끊어지지 않도록
서로의 이마를 마주할 수 있게

김준호,

〈약력〉
지는 꽃보다, 별똥별보다
제가 더 아팠으면 하는 사람입니다.

소라

분명 바다를 사랑했던 거야

자신을 덜어내고
바다로 채웠잖아

별똥별

시처럼

아름답고

시인처럼

아프다

노을

수평선 저 끝에는 무엇이 있을까?
조개 캐는 우리 엄마 있을까
고기 잡는 우리 아빠 있을까

울긋불긋 물든 것을 보니
바다도 부모님이 보고 싶은 게구나

언제부터인가

쿵쿵
세상 발걸음 소리가

쿵쿵
마음 닫는 소리가 된 게

하루살이

하루살이가 내 차에 올라탔다는 건
여간 작은 일이 아니다

내 차엔
네가 사랑할 대상도 없고
투닥거릴 친구도 없으며
곧 보고 싶을 가족도 없다

아,
다시 생각해도 보통 작은 일이 아니다.

커피

새하얀 종이컵에
황톳길을 내어주었다

그대 사뿐히 쏟아지라고

사랑

문단속이 중요했다

그대 들이고
그대 보내고

사랑은 항상
문 앞을 서성거렸으니까

보름달

거봐,

안 빼도 예쁘잖아

봄

당신은 지구의 화분

내가 본 가장 예쁜

봄

우체통

그대
한 문장 던져놓고
어디 가세요

나를 더 크게 비워두고

불행

불행한 사람은

그리움에 힘겨워하는 사람이 아니라

그리움에 힘겨워할 대상조차 없는 사람입니다.

서울

서울에서 홀로 점심을 먹기란 참으로 어렵다
북적북적 되는 저 틈을 속에서
수저 하나만 내어달라기가
내게는 여간 가혹한 게 아니다

구태여 오늘은 점심을 걸렀다

서 먹을 수 있던 어묵집이 휴업을 한 탓이다
날 반겨주던 아주머니가 보고 싶다

시인의 고백

그대의 아름다움을
사진 한 장으로 온전히 담아낼 수 없듯

그댈 향한 제 맘 또한
이 시로는 전부다 표현할 수가 없습니다

가시오가피

가시오가피는 어릴 적 가시를 품고 나온단다
그리고 나이가 들면 차츰 가시가 없어진단다

네가 사람보다 낫다

가난

새벽시장에 위를 내다 팔러 간다
또각또각 울려대는 시계보다 정확하니
시계 값은 나오려나
주걱으로 꾹꾹 눌러 담으면 쌀밥 한 공기니
밥그릇 값은 나오겠지

시계 값 밥그릇 값 없어서 팔아볼까

아니다 아니다
그냥 얼른 좋은 집에 팔려가
다신 보지 말잔 생각에 눈의 떨이로 내놓는 위

이별

이별 마냥 깨진 유리 같아
붙이려 하면 할수록 상처만 깊어가
그냥 두려 하니 그리움만 쌓여가

빛은 깨진 모서리를 따라
유유히 흩어지는데

어찌 너는
그 모서리에 박혀
그 뜨거움마저 받아들이라 하는고

죽은 자는 산 자를 위해 소리 없이 흐느낀다

죽은 자는 산자를 위해 소리 없이 흐느낀다
그것이 산자에 대한 마지막 배려이다

아니 행복하다 아니 슬프다 하지 마라
숨 쉬는 것이 행복이요 이별하는 것이 슬픔이니

목놓아 우지도 마라
영원히 가야 할 것 같고 멀리 가야 할 것만 같으니

그저 손으로 인사하고 입으로 인사하고
머리 숙여 인사하고 가슴으로 울자

눈물이 가슴으로 흐를 때 산자의 침은 달다

경청

귀 접은 차는

앞으로 나아가지 못한다

소망

지긋이 눈 감아 어둠이 찾아오면
그것은 밤이 아니라 창피함이길 바라오

화들짝 눈 떴을 때 눈앞이 밝다면
그것은 아침이 아니라 깨달음이길 소망하오

금반지

더러워진 손을 씻다
나는 보았다
여전히
반지에 묻어 있는 비누를

정확히
언제부터였을까
더 많은 비누가 내게
필요해진 게

신정아,

〈약력〉
앞만 보고 뛰다가 이제야 뒤도 보고
옆도 보고 있는 사람입니다. 많은 걸 놓치고 달렸더만요.
벤치에 눕거나 엎드려 챙 달린 모자 속에서 시집 읽기를
즐겨합니다. 감탄이 절로 나오는 시 구절에는
꼭 밑줄을 그어둡니다. 그러다가 시집 구석구석에
시를 쓰고 동시도 씁니다. 단국대 문예창작학과에서
시를 전공하다가 아들 셋을 키우면서
동시의 매력에도 빠졌습니다.
현재는 대학에 남아 학생들과 함께 글쓰기 공부를
하고 있습니다. 지은 책으로 동시집
『시간자판기』(2018) 등이 있습니다.

오동나무

먹고 체했을 때는 오동잎이 최고여, 하시며 구수한 오동잎 차와

주름진 손으로 배를 쓰다듬어 주시던 할머니가 쓰러졌다. 할머니 은행 물든 오동꽃잎 기다리며 지나가는 겨울, 마당이 온통 하얀 병실이다. 이제 오동나무는, 연두빛깔 싱그런 열매 대신 하이얀 약 알맹이를 맺어야 한다.

주름살 늘어가던 마당엔 새 집이 지어졌다. 보기 좋게 꽃잎을 티뜨리던 오동나무도 뿌리 채 뽑혀 어디론가 팔려갔다.

지금도 배 아픈 날이면, 할머니의 하나도 쓰지 않는 약손을 찾는다. 창밖으로 쓰디 쓴 봄비가 내린다.

가난한 벼에게

혹시 그대는

너무 가난한

가을 벼가 아닌가,

바람 쫓아

한 곳으로만 기우느라

살결 닿지 못하는 -

회상

당신을 만나러 가는 길엔

예사롭지 않은

붉은 꽃잎이 있었고

우거진 나무가 있었습니다

나뭇잎 사이,

그 길엔

날고 싶은

새들이 삽니다

사뭇

그 길을

기억합니다

꽃이 내게로 오다

꽃밭 흐드러지게 지천인 꽃보다
길가에 한 송이 지지 못한 꽃
더 사무쳐라.

오로지 날 위해 핀 꽃,
오직 그 자리에서
질 수 없었던 그대
하얗게 꽃잎이 새어가는구나
기다린 세월, 그 무게에 눌려
외로웠던 자취가 또렷하구나.

이젠 그대와 함께 하리니
내 안에 넘치는 나를 덜어내고
우리에게 필요한 짐만을 싸서
궂은비 맞으며 그대를
바스러지게 껴안고 가리라
마음이 찰 때까지 뜨거워지리라.

내 가슴에 움켜쥔
하얀 꽃 한 송이 그대
노란 나비의 촉수에
이제는,
활짝 피어나리라.

비우기

내 안에 하늘이 조금만 더 컸으면 해
꽃 한 송이 피우는 텃밭도 있었으면 해
그 꽃에 흰 나비 살았으면 해

날 조금 덜어내고
비워진 방에 자리가 된다면
우람한 나무도 한 그루 들여놓고 싶어
짙은 숲이 아니어도 좋아

나뭇가지 사이로 은연한 달이 뜬다면 –

등나무

등나무 아래에서 나는
어머니를 알았다.

뙤약볕을, 등시렁 위에서
엎드려 막고 있는
등나무 아래에서 나는
두 손을 모은다.

등나무 나이테가
실타래마냥 굽이굽이
감긴다, 올라갈수록
어머니처럼
굽은 등이 된다.

엎드린 등이
비를 맞는다.

솜털 박힌 잎사귀 한 장
걸치지 않은 지팡이 될지라도
오늘까지 그늘을 내어주고 있는

등나무 아래에서 나는
어머니를 비로소 알았다.

안부

손등을 두드리는 빗방울
어깨를 감싸주는 눈발이
낮보다는 밤에 찾아오게 하소서
무엇으로 치장했는지 알 수 없는 밤
보아달라고 보채지 않는 밤이기에

오로지 닿음으로 느낄 수 있는 밤에 -
귓불을 스쳐간 바람,
콧등에 내려앉은 달빛에게
흔적을 남기려는 살갗의
안부를 물어두게 하소서!

동행

해가 물 위에 뜨는 것은
빛을 내려놓았기 때문입니다.
제 빛을 골고루
나누었기 때문입니다.

쉼 없이 벗어던져도
내일이면 더 빛나는 이유가 그것입니다.

나무가 물 위에 뜨는 것은
열매를 내려놓았기 때문입니다.
뿌리 깊이 박힌 흙까지 모두 털어
가벼워졌기 때문입니다.

눈꽃 하나 걸치지 않은 겨울나무가
외롭지 않은 까닭이 그것입니다.

부부는 말이 없다

밤 열두 시, 심야식당.

첫 끼니일지 모르는 밥그릇 위로
귀한 손님들 일제히 코를 박고 있다.

"마누라 발에 코 박고 자고 싶다"

한 사내의 말에 코를 박고 있던 부부가
힐끗거린다.

나 또한 상스러움에 찌푸렸으나
고팠던 배가 찰수록 그 말이
더없이 친근하게 느껴지는 것이 아닌가.

변덕스러운 밤
그래, 찌푸릴 게 뭐람.

얼굴에 발을 묻든 발에 얼굴을 묻든
떨리지 않는 밤이야말로 문제지

박박, 밥그릇 긁는 소리가 날 때까지
말이 없는 부부와

포개진 듯 나눠진 듯
가느다랗게 떨리는
식당 너머 구름 몇 송이

산은 허리가 있다

그녀는 딱 한 번 허리를 펴고 싶다

긴 일생을 엎드려 있는 그녀
골짜기는 여인의 굽은 등을 따라 흐른다.

그녀가 몸을 일으키는 순간이면
씨앗은 품을 잃고
물은 길을 잃을 게다, 그 걱정에
엎드려 기지개 켜는 여인.

등줄기 뼈마디마다 생명을 업고
낮이면 햇빛을 업고
밤이면 달빛을 업고

등 돌린 사람아

그대에게 묻나니

등 돌린 하늘을
본 적이 있는가 –

등 돌린 바다를
본 적이 있는가 –

어제 울은 까닭을 모른 채
다시 울 때에도 바다는,

등 뒤에서 가만히
울음 닮은
파도를 내주었다, 하늘은
둥글게 웅크린 내 등을
잔잔히 안아주었다

가짜

죽은 목숨 하나를 몸에 두르고

또 하나는 어깨에 걸친 사람의 몸에서

향기를 맡는 사람들

"눈이 초롱한 짐승을 두 마리나 키우네요."

두 눈의 광채가 가짜란 걸 모르는

비염 환자들.

놓다

열 시간 만에 인생은 달라졌다
한국에서는 내 것이었던 많은 일들이
이곳에서 내 손을 벗어났다

계약이 뒤집히고
승진은 기약 없는 대기번호
아무것도 아닌 일들로
얼마나 많이 울었던가!

놓치고 살았던 것들을 맞이하니
하루가 길다
해가 뉘엿한 네 시 반
외국의 겨울 하늘 아래서 나는

안녕 했던가 안녕한가 안녕할 것인가
나를 찾는 손님이 안녕하기를 바라는 오후
지난날이 찾아온다, 지난 사람이 찾아와
흐르지 않는 눈물 닦아주시니

돌아가는 일이 두려운
미래와 과거가 지워진 그곳
오롯 현실만 있는
지난 사람은 기억조차 없는 곳

말일을 기다리다

늘 입는, 몇 년째 걸치는지 모르는
한결같은 옷을 입고
말일을 기다린다.
가시가지처럼 첨예한 몸 위에 사풋
하얀 눈 내릴 거다.

함빡 겨울인 나라에도 말일은 귀환한다.
겨울에도 드문드문 벚꽃이 날리는
이상한 나라의 말일이 오면
할 수 있는 일들이 많아진다.
서느런 땅에서 꼼짝없이
갇혀 지내던 일상이
단 하루 자유로운 여정에 부산해진다.

벚꽃은 날아가 버리지만, 어쩌면
통장 속 숫자들처럼, 하루 밤새 퍼부은 비로
있었는지도 모르게 사라져버리지만
가시 틈 사이로 빠져나가는 벚꽃을
쥐어보지 못할 때 있지만, 그래도 어쩌면

온통 겨울인 나라에서
좋아할 수 있는 풍경이 있다는 게
그 풍경에 단 하루 손을 뻗어볼 수 있다는 것이 설레어

아, 겨울에도 이따금 벚꽃 뿌리는 이상한 나라에서
말일을 고대하는 일이란

발톱

기다란 발톱은 양말 배후에 잠적해 있다.
사람들은 모르겠지, 내가
발톱을 키우는 중이라는 걸
페이스북에 가려 야옹~
고양이만 키우는 줄 알 테지

오늘도 간절히 발톱을 기른다.
누군가 더럽다 말해도 좋아요
발톱이 너무 길어서
양말에 구멍 날 일은 저지르지 않을 테니까요
혼자만 알고 있을게요
고맙습니다
모른 척? 해주셔서
대신 잠들기 전
비누로 박박 문지르는 일은 잊지 않을게요
고린내가 나서 들켜버리면 큰일이니까요

가끔 앞코 뚫린 신, 신을 때
패디큐어를 바르는 일도 까먹지 않을 거라 약속해

그래요

발톱에 한 꼬집, 두 꼬집 양념을 뿌릴게요

엄지발톱은 곤색 바탕에 황홀한 십자가를 그려 넣을게요

물론 그것도 양말을 신으면 보이지 않을 겁니다.

앞코 뚫린 신에 양말이라니 웃기죠?

그런데

페디큐어를 하면 냄새가 나고

냄새가 나면 양말이 신고 싶고

양말을 신으면 십자가가 보이지 않고

십자가가 보이지 않으면 다시 페디큐어가 하고 싶고

그래서 까맣게 때 낀 발톱은 가엾다.

행여나 정말 혹시

양말에 구멍 뚫리는 날이 와도

여물게 꿰매 신겠습니다.

발톱 자를 일은 없을 거예요

절대로 -

방의 존재

나는 방이 없다.
지금껏 한번도
방을 가져본 일이 없다.

내가 머무는 곳은
방보다 늘 넓었다.
방보다 조금 넓은 마루와
마루보다 조금 더 넓은 마당에서
늘 혼자였다.

집에서건 밖에서건
방이 없는
한 마리 짐승이라고나 할까.

어디든 내 방이고
어디든 내 방이 아닌 짐승을
찾아오는 이는 흔치않다.

방이 없어
오히려 숨을 수 있었다.

그리고 외로울 땐
휘파람을 불었다.

나에게로 오는 길

노란 책장 하나가 낡은 담벼락을 가린 채 서 있다. 누가 버렸을까. 변변찮은 허리로 책장을 내 방에 들인다. 책장보다 책장 모퉁이의 낙서 흔적을 내 방에 담아 두고 싶다. 방 한 구석 겹겹이 포개 누워 있던 책들이 오랜만에 기지개를 켠다. 오랜 시간 방치된 껌처럼 바닥에 붙어 있던 책들이 쩍- 기척을 내며 일어난다. 먼지가 켜켜이 묻은 몸을 젖은 수건으로 닦고 다시 한 번 더 마른 수건으로 훔치고는, 책장으로 들어간다. 노란 몸속에 빼곡하게 채워질 때 질근질근, 책장은 껌 씹는 소리를 낸다. 크레파스로 쓴 낙서가 끈적거린다. 오롯이 벽에 기댈 수밖에 없던 책들이 와그르르 무너졌을 때처럼 책장을 그득 채운 나는 이지러지게 몸살을 한다. 꼬박 나흘을 신음한다. 정신을 차려보니 촘촘하던 책들은 노란 몸속을 가새지른 채 나를 에워싸고 있다. 내 몸뚱이를, 내 몸뚱이를 가린 이불을, 그 이불로는 은폐할 수 없는 그늘진 흔적을 굽어보고 있다. 모퉁이에 낙서가 아직 성글다.

허수아비를 사랑하다

저만치 허수아비가 두 팔을 벌리고 섰네
헐렁했던 당신 옷을 입고, 못 본 사이
나잇살 들어앉아 낯선 모습으로 -
벌어진 단춧구멍 사이 아랫배가 살짝 나온
아니, 사랑하지 않는 사람이 본다면 많이 나온
배에 걸친 바지 끈이 힘겨워 보여.

아니, 사랑하지 않는 사람이 본다면 고집스러워
러닝셔츠보다 와이셔츠를 입고 있어
출세한 당신 어깨에 당장이라도 기대고 싶다가
와이셔츠에 고무줄바지라니
망설여지네, 옛 사랑 아닌 것 같아.

아니, 오래된 사랑 그거 맞아
달려가 안기기 전에
내려놓을 것 같지 않은 두 팔에
다가서서, 순수했던 시절
내가 건넸던 밀짚모자를 젖히고

그저 딱 한번만
당신 얼굴 보고 싶다.

사랑니

초식동물처럼
질긴 풀을 질겅거리다가

육식동물마냥
닥치는 대로 사냥을 했다.

정작 짐승에겐 없는 이로
짐승처럼 먹어댔으니

체증을 앓을 수밖에

없어도 그만일 것으로
너무 많은 것을 씹어버렸다.

안경 벗기

동쪽에서 해를 맞이하고
서쪽으로 해를 보내는
우리는

안경을 쓰지 않는 밤엔
동쪽으로 가는 길이 더 가깝다.

욕심에 얽매이지 않고
시간조차 계산할 수 없는
안경 벗은 눈이 이끄는 대로
묵묵히 가야 할 길 아는 밤.

비로소 평온해진다.

잠들기 전
사람들은
모두 안경을 벗는다.

불편해서라기보다

두 눈에 촘촘히 박힌 렌즈를
벗어던질 때, 더 가까이 만져지는
길.

우리는
서쪽으로 해를 보내고
동쪽에서 해를 맞이한다.

안경을 벗을 때
길은
맑은 눈빛 드러낸다.

최진영,

〈약력〉
1990년대 사람
주로 홍제동과 광화문 일대에 서식함
종로에 간혹 출몰함
아메리카노를 좋아하며 책을 즐겨 읽음
웹소설을 써서 먹고 살고 싶어 함
가끔 승강기에 타는 시신들과 대화를 나눔
에어컨을 틀면 선풍기도 꼭 돌려줌
점이 많음, 그래서 내가 점을 안 봄
운 좋게도 아직까지 살아 있음

연어 1

출근길 지하철 안은
연어의 뱃속

덜컹, 덜컹, 덜컹, 덜컹

어미의 심장 박동 소리
북태평양에서 남대천까지
산란을 위하여 터질 듯한
심장을 부여잡고
컴컴한 바닷속에서
등불이 되어주는
지하의 등대를 따라

이번 역은 종로
3가 역입니다

문이 열린다
연어 알들이
세상으로 쏟아져 나간다

연어 2

지하철 노선도 강으로
수많은 연어가 해류에 몸을 실은 채
힘을 아끼고 있다

모두 눈 감고
어떠한 소리도 없이 침묵
고요한 꼬리짓
멀리서 헤엄쳐 왔다

바다가 끝나고 강이 오면
아꼈던 힘을 써야 할 때
연어들이 계단 폭포를 오른다

산란을 위해
아이를 위해

편의점에서

편의점은 혹독한 면접장
진열대 위 상품들이 자신의 맛과 포장지를
내세워 팔려가길 원한다

손님은 근엄한 얼굴과
날카로운 눈빛으로 말한다
너는 너무 비싸
너는 맛이 형편없지 하고
나무라며 외면했더니

툭!

바닥으로 몸을 던진다
손님들 눈빛 한번 받으려고
진열대 위에서 뛰어내린다

안 팔리면 들여놓지 않으니까
안 팔리면 죽으니까

할인하고 1+1하며 아등바등
살아남기 위해

절에 올라

절에 올라
절이 왜 절이냐 스님께 물었더니
절이라 절을 많이 해 절이라신다

한참을 웃다가
가장 낮은 곳에 오래 계신단 말씀이시죠 했더니
절은 다 산에 있는데 하시며 허허허 웃으신다

이 절에 가장 큰스님은
누구시냐 스님께 물었더니
세상 만물이 모두 내 큰스님이지요
하시더니 슬쩍 큰스님 눈치를 본다

죄다 별이 된다면

죽은 사람이

죄다 별이 된다면

별빛을 어떻게 올려다볼 수 있을까

시리도록 차가운 우주

머나먼 지구 저편에

원망으로 별이 불타고 있다면

감히 쳐다볼 수 있을까

죽은 사람이

죄다 별이 된다면

여태껏 별을 보고

소원을 빌었던 사람들은

얼마나 답답할까

밤하늘 무수히 많은 별이

죄다 죽은 사람이라면

밤하늘을 공동묘지로 만들어버린다면

참전용사

주름진 손등이 가뭄을 견디지 못하고
갈라진 논바닥처럼 보였다

자랑스럽게 내보인 참전용사 배지는
빛바래 광채를 잃었다

손수레에 빈 박스를 시신처럼 태우고
전공을 자랑하는 그의 입에서
침이 피처럼 입가에 삐어져 나온다

빈 박스에 노을이 지고
빛바랜 배지에는 광채가 흐르고
광교를 당당히 걷는 노인의 머리칼에서
진한 화약 냄새가 났다

아직도 전장이다

아이스 아메리카노

아이스 아메리카노에
떠있는 얼음들은 빙하

몸에 달고 있는
물방울은 땀방울
지구가 땀을 흘리고 있다

달그락!

얼음이 바다에 빠진다
파도가 해안선을 넘어
대지를 적신다

천천히 아주 조금씩
내게 밀려온다

지하철에서

반대편 선로에
지하철이 지나간다

죽는 순간의
파노라마처럼

빠르게 상영되는
영화 필름처럼

내 삶도
그대들의 삶도
이렇게 스쳐 지나가는 것

무수히 많은 삶
제대로 보아줄 틈도 없이

싸 보여?

세 살 어린 여동생과 오랜만에 외출했다
옷을 사주려는데 동생이 묻는다

-오빠, 이렇게 입으면 싸 보여?

한 뼘 정도 되는 미니스커트였다

예전의 나라면 입지 말라고 했을 것이다

-남자들 눈요깃거리 되고 싶냐?

여자라는 이유로 언제든 성적 대상화가
될 수 있다는 끔찍하면서도 그럴듯한 소리

스물여섯, 꽃 같은 아이 입에서
싸 보이냐는 말이 나오게 한 건
내 과오도 있는 것 같아

-네가 입고 싶으면 입는 거지. 그렇게 생각하는 사람이

잘못된 거야.

여동생은 고민하다 결국 다시 걸어놓는다

지금까지 살면서 싸 보이는 남자를 본 적이 있었나
한 뼘 정도 되는 미니스커트가 다시 눈요깃거리가 된다

땅의 온도

일억만 년 전부터
존재해온 바다거북

바다거북의 성별을
결정하는 건 땅의 온도

30도 이하면 수컷
30도 이상이면 암컷

바다거북의 서식지
그레이트배리어리프

그곳에서 태어나는
바다거북의 성별은
99%가 암컷

낚시질

나무가 허공에 낚싯대를 드리운다
수많은 가지가 미끼가 되어
바람을 낚는다

바람의 입질
찌가 살며시 흔들린다

휘청!

미끼를 물었다
정신없이 신호를 보내는 잎의 찌들
바람결 따라 릴을 감았다 풀었다

바람 낚시질 한창이다

해바라기

구름 낀 하늘
해가 보이지 않아도
해바라기는 해를 느낀다

나는 언제쯤이면
네가 곁에 없어도
너를 느낄 수 있을까

김성래
-먼저 간 친구에게

비가 올 때 가서
비가 오면 습관처럼
들어오는 내가 싫다

영정이 돼버린 너의 프로필 사진을
오랜만에 마주하는 게 미안한 날이다

더 이상 업로드 되지 않는 너의 일상을
나의 일상의 안부로 죽은 듯 채우고
속죄하듯 너와의 생을 더듬는다

2018년 5월 25일 7시 35분
너의 페이스북에
나의 마지막 게시글이
내 죄명처럼 묘비에 새겨져있다

나는 여기 있는데
너는 여기 없는 게
미안한 날이다

너무 쓸쓸해하지 마라
서서히 너를 향해 가고 있으니
비야 개어라

백야

여긴 23.5도쯤 기울어져 있고요
위도 약 48도 이상의 층이에요
밖은 밤이지만 경쟁은 낮이랍니다
잠들면 얼어 죽어요
눈 크게 뜨고 일하세요!
밤은 정확히 6개월 남았고요
돈은 한 치의 오차가 없죠
조금 삐딱하게 서 있어도 이해할게요
우린 원래 태어난 순간부터
23.5도쯤 삐뚤어져 있으니까요
지금 와서 바로잡을 필요는 없어요
우린 이미 삐뚤게 중심을 잡았거든요
요즘은 제가 제대로 서 있는 건지도
가끔 의문이 들 때가 있다니까요
아! 죽도록 힘드시다면
창밖에 빌딩들을 보시겠어요?
그렇죠? 참 아름다운 백야에요!

빌딩 파도

가끔 서울에 어설프게 솟아있는 빌딩들이 집채만 한 파도처럼 보일 때가 있지만 아주 가끔 그렇지 항상 그렇진 않아. 그런 파도를 쓰나미라고 하던가? 뱃멀미가 심해 배 타는 걸 싫어하는 나는 파도도 몰라. 쓰나미 안에 있는 사람들은 보이지 않지만 분명 뱃멀미에 둔감한 사람일 거야. 어쩌면 참고 있는지도 모르지. 내 친구 중엔 서퍼가 있어. 그놈은 자기가 타고 있는 파도가 쓰나미인 줄 알지. 남들은 그렇게 생각 안 하는데 자기는 쓰나미래. 웃기는 일이지 그놈은 자기가 탄 파도가 아니, 그래. 인심 써서 쓰나미라고 해주자. 그놈은 자기가 탄 쓰나미가 크고 단단하다고 착각하고 있어. 나는 더 웃겨. 파도나 쓰나미나 결국 물거품이 되는 건 매한가지인데 몰라도 너무 몰라. 파도가 좋은지 쓰나미가 좋은지 재고 따질 게 아니라 자기를 봐야지 멍청이들아. 뭐 나도 가끔 부러울 땐 있지. 서울랜드 은하 열차를 탈 때 느낌인지, 블랙홀 2000을 탈 때 느낌인지 공기는 조금 좋은가? 그런 원초적인 궁금증 말이야. 내 말 무슨 뜻인지 알지? 어쨌든 아무리 떠들어도 쟤들은 나를 덮치지 못할 빌딩 파도라는 거. 그건 너무 잘 알고 있지. 쓰나미는 옥상에서 흘린 너의 눈물 가지고 만들었을 테니까. 그리고 친구야. 쓰나미는 육지를 덮치고 나면 죽는 거야. 나는 땅에서 행복해! 걸을 수 있거든.

응급실에서

거친 미련의 숨결을
안개처럼 토해낸다

생을 붙잡고 있는 건
자기 자신일까
사랑하는 사람일까

비처럼 우는 그녀는
지진처럼 흔들린다

다급한 의사들의 말발굽 소리
제발 일어나라는 젖은 외침

의사들은 알아들을 수 없는
언어로 떠들어 대고
오직, 간호사만이
알아들을 수 있는 말을 한다

보호자분! 진정하시고

밖에서 기다려주세요!

응급실 문이 닫히고
생과 사의 갈림길에서
그녀는 눈처럼 주저앉아

제발 데려가지 마세요
제발요 제발 제발 제발요
제발‥
제바알‥
제에‥바알‥

강북삼성병원

강북삼성병원 로비에 마주 앉은 노인과 여자가
서로를 쳐다본다 백색소음이 대화를 잠시 채우다
휠체어에 탄 노인이 고집스럽게 입을 연다

아흔 가까이 살았으면 살 만큼 살았다 구태여
연명하고 싶지 않으니 나 때문에 돈 쓸 거 없다

여자가 말한다
엄마는 왜 엄마 생각만 해
남는 우리들 생각은 안 해?

한참을 말없이 여자를 바라보던 노인이 말한다

내가 누구 생각해서 이러는 것 같으냐?

신춘문예

자, 제가 지금부터 신춘문예 시를 쓰려고 하는데요 신춘문예 시는 좀 있어 보여야 한대요 이전 해에 당선된 작품들을 훑어보고 비슷하게 따라 쓰래요 그건 자기 시가 아니라고요? 어차피 시 써도 봐주는 사람 없잖아요 유명해지면 쓰고 싶은 거 마음껏 쓰세요 그땐 좀 봐주는 사람이 있겠죠 문창과를 입술에 문 섹시한 금수저라면 확률이 조금 더 높긴 하죠 심사위원 분들 제 말이 맞나요? 낯설게 쓰세요 자기가 쓴 시를 몰라볼 정도로 자, 이제 눈을 감고 키보드를 두드린 다음 그걸 그대로 보내 보세요 미리 축하드려요! 분명 당선하실 겁니다

엄마

산 근처에만 가도
누워있던 흙 내음이
한 움큼 들어오고

바다는 멀리 있어도
바람에 밀려오는데

엄마는 내가 다 자라도
도무지 오질 않으시네

병원에서

병원에는 아픈 사람들만 온다고
믿는 어리석은 사람들이 많이 있다
병원에는 아프지 않은 사람이
더 많이 온다

잃고 싶지 않은 게 많은
그러다 잃어버리기도 했던
그들의 아픔 속에서 희망을 얻고
불확실한 삶에서 확실한 삶을 사는
잡초들을 보기 위함인지도 모른다

생은 늘 우리에게
살아왔는지 버텨왔는지
묻곤 하지만
그럴 때마다 살아온 만큼
살아가야 할 만큼 확실하지 않고
눈 감는 사람은 병원에 매일 있다

가끔은 어긋나
서로 뽑으려 했던 기억도
그리고 그 아픔마저도
병원에선 추억이 된다

화분

할머니가
어버이날에 받은
카네이션 화분

햇빛도 보게 해주고
물도 듬뿍 줬는데

한 달을 못 가서
죽어 버렸다

하나님은 대단하시지?
지구라는 화분을 잘도 가꾸시잖아

〈평설〉

이 우울하고 난삽한 시대에 빛나는 정신의 가객이 되기를 기대한다

조명제 (시인, 문학평론가)

'잡지(문학잡지)'라는 개념의 원형原型을 보여주며, 온통 '읽을거리'로 가득 채워 독자들을 흡입하고 있는 월간 '시' 출신의 청년시인들이 첫 동인시집을 낸다. 분기별로 공모한 작품을 엄격히 심사해 온 '추천시인상' 외에, 시단의 젊은 수혈을 위하여 '청년시인상'을 따로 제정, 신인을 선발해 온 결과, 그간 8회에 걸쳐 18명의 신인이 등단의 영예를 안았다. 그 중 선발주자로 네 명의 신진 시인이 20편씩의 작품을 모아 문단에 선보이는, 상큼한 출발을 하게 된 것이다. 시가 어렵고, 시 쓰기가 어렵고, 읽혀지기가 어렵다는 시대에 맑고 높고 참신한 신진들이 뜻을 같이 하여 동인시집을 세상에 헌정해 주는 일은 반갑고 기특하기 그지없는 '사건'이다.

무릇 문단적 시작詩作 활동은 우리 근현대문학사를 보더라도 동인활동에서 비롯되었거니와, 동인들의 여러 형태의 시집은 실로 문단문학사의 진원지와 같은 것으로서 매우 뜻 깊은 매체이다. 이번 젊은 동인시집의 탄생은 우리 문단에 만만찮은, 그리고 향기로운 파문을 일으키리라 믿는다.

김경진은 대체로 시를 간결하게 쓴다. 절제되고 압축된 정서에 맑고 정직한 인식의 내면을 드러낸다. 그는 그리움의 그림자를 끝까지 추적하며, 그리움의 대상과 '서로 등을 돌린' 대극점에 선 사랑과 존재의 실체를 탐색한다.

   집에 오자마자 쌀을 씻는다
   온전한 그리움이 가라앉을 정도로

   그 뒷모습에는
   슬픈 육체가 서 있다
    –「뜸 들이는 저녁」1~2연

그리하여 '그림자 몰래 빼놓고/ 너에게 달려가고 싶은 날도'(「나날」) 메아리 없는 '텅 빈 공간'(「송가」)과 만날 뿐이다. 평행선을 이루는 대상과의 거리는 반대쪽으로 걸어가야 하는 운명처럼 쓸쓸함으로 가득 차 있다. 그 쓸쓸함이 내포하고 있는 정서는 아픔과 슬픔이 원망으로 자리잡을 순간에서 폭발한다. "갈 곳 없는 손길에 남겨진/ 보라색 손수건 바라보며/ 우리는 반대쪽으로 걸어야" 한다는 미망 속에는 서로 등 돌린 채 평행선상에 놓인 운명이 적막한 풍경으로 일어선다. 그래서 '우리는 슬픈 박제'라는 비극적 인식이 김경진 시세계의 문제적 담론으로 작동한다.

"너는 겨울의 남극을 걷고 있고/ 나는 여름의 북극을 걷고 있었다"(「백야」)는 대극적이고 상충적인 부재不在의 시그널이 분규의 지배적 풍경을 이룬다. 그의 상처적 사랑은 시대와의 불화를 상징하는지도 모른다. 그는 '길거리에 멀뚱히'(「숨바꼭질」) 서서, 그리움의 기표인 사랑의 그림자를 찾으려 애쓴다. 그러나 그는 그림자를 찾지 못하고, 찾지 않고, 애써 모르는 척하는 내적 번민과 분규의 소용돌이 속에 있는 자신을 발견한다. 일말의 가시적 관계의 가능성을 '수많은 실을 짜야 한다'는 희망의 언어로 갈무리한 김경진은 이 고비를 넘기고, 부재의 실체적 진실에 도달하게 될 것인지 궁금해진다.

김준호의 시는 짧다. 짧음 속에서 행간의 방백과 심상의 반전을 꾀한다. 단시형 미학에 승부를 걸겠다는 자세마저 엿보인다.

문단속이 중요했다

그대 들이고
그대 보내고

사랑은 항상
문 앞을 서성거렸으니까
-「사랑」 전문

  압축과 생략, 비약과 암시는 단시형이 유인하는 반전미학의 내질^{內質}이다. 사랑은 정처가 없다. 정처가 없는 것들은 상처 깊은 그리움(「이별」)을 쌓는다. 불안과 슬픔과 불행은 멀리 있지 않다. "불행한 사람은/ 그리움에 힘겨워하는 사람이 아니라/ 그리움에 힘겨워할 대상조차 없는 사람"(「불행」)이다. 부재의 의식과 공포는 이 시대 젊은 세대의 공통적 경험 체계를 이루는 단층적 현상일 것이다. "네가 사랑할 대상도 없고/ 투닥거릴 친구도 없으며/ 곧 보고 싶을 가족도 없다"(「하루살이」)는 비유적 표현은 인간에 대한 투사적 언술이다. 부재의 모험과 소통의 단절은 우리가 언어로써 모든 것을 표상할 수 없다는 한계를 말해 준다. 사랑은, 소라가 자신을 덜어내고 바다로 채우듯, 자신을 덜어내고 타자의 세계를 채워 넣는 것이다.

  소통의 단절은 "세상 발걸음 소리가// 쿵쿵/ 마음 닫는 소리"(「언제부터인가」)로 격동한다. 시인이 「경청」에서 보여주는 '귀 접은 차는/ 앞으로 나아가지 못한다'는 기지機智의 결과적 언어와 다르지 않다. 시인이 지향하는 시공 초월의 연대의식은 '죽은 자는 산 자를 위해 소리 없이 흐느낀다'는 강렬한 역설로 나타난다. 그가 보여주는 비약과 단절, 기지의 시편들은 소통을 위한 전략적 유인책이다. "거 봐, 안 빼도 예쁘잖아"(「보름달」) 같은 작품의 전략이 그렇다. 단시형 미학의 가치는 범속한 현상도 해학적 윤리로 바꿔 놓는 데 있다. 새벽시장에 위胃를 내다 팔러 간다는 담론의 「가난」은 그 대표적인 예이다. 가난의 비애는 기지의 해학을 만나 담담한 언어구조의 그 슬픔을 배가시킨다. 해학은 웃음인 동시에 슬픔의 정조情調를 배면에 깔고 있는, 전략적 소통의 한 미학인 것이다.

언어는 현상을 다 표현하지 못하고, 사물의 실체적 진실에 가 닿지 못한다. 시인은 언어의 기법적 사용을 통해 진실을 환기하고, 행간의 여백을 통해 독해를 지연시킴으로써 소통의 다른 장애를 극복해 간다. '별똥별'은 언어적 긴장을 유발하는 단어다. 시인은 그 긴장 속에서 집중과 선택으로 그리움을 강화하고, 또 이완시킨다. "시처럼/ 아름답고// 시인처럼/ 아프다"(「별똥별」)라는 경우에서처럼. 슬픔과 그리움의 날들, 부재의식과 단절의 변방에서 시인이 꿈꾸는 것은 어둠 저 너머의 밝음보다 빛나는 깨달음(「소망」)이다.

신정아의 시편은 사상事象에 대한 사유의 깊이와 방법적 변용이 탁월하다. 사물에 대한 관찰과 숙고, 중층적 이미지의 형상은 그 특유의 자질로 관측된다. "안경을 쓰지 않는 밤엔/ 동쪽으로 가는 길이 더 가깝다"(「안경 벗기」)는 이 상징적 화두는 길의 정체를 찾아나서는 중의적 시점의 방법적 전개를 추동한다. '안경을 벗어던지고' 시인이 잠입해 들어간 심층에서 마침내 '맑은 눈빛 드리내는 길'을 만난다. 우선 그가 꿈꾸며 찾아나서는 길은 '비로소 평온해지는' 꽃과 나무, 새와 나비가 사는 지상의 정원 같은 곳이다. 이를테면, "(우거진) 나뭇잎 사이,/ 그 길엔/ 날고 싶은/ 새들이 삽니다"(「회상」)에서 보듯, 절대 순수의 자유로운 공간이다. 시인의 순정한 정신의 세계를 단적으로 시사하는 대목이다. 시인이 가꾸고자 하는 사유의 공간은 화려한 정원이 아니라, 외로운 길가의 들꽃 다소곳한 공간이다. 그런 점에서 오히려 그의 정신은 질박하다.

내 안에 하늘이 조금만 더 컸으면 해

꽃 한 송이 피우는 텃밭도 있었으면 해
그 꽃에 흰 나비 살았으면 해
―「비우기」 1~3행

너덜한 탐욕의 시대에 시인의 순수한 꿈은 소박하기 이를 데 없다. 심지어 "날 조금 덜어내고/ 비워진 방에 자리가 된다면/ 우람한 나무도 한 그루 드려놓고 싶어" 하고, "나뭇가지 사이로 은연한 달이 뜨면" 그만인 그런 순정한 꿈이다. 나를 덜어내고 비워내는 일, 시인은 비움의 세계를 그의 시 정신이 지향하는 사유의 코드로 삼고 있는 성 싶다. 「동행」에서 표현된, 해가 빛을 내려 나누고도 낡지 않고 빛나며, 물 위에 뜨는 나무의 가벼움과 빈 겨울나무의 외롭지 않은 풍경의 이치가 다 비움의 시적 변용을 위한 장치다. 시인은 꽃밭의 지천인 꽃보다 길가에 지지 못한 한 송이 꽃에 더 사무쳐 하며, 하얗게 꽃잎 새어가는, 긴 기다림의 세월에 외로움의 자취가 또렷한 변방의 풀꽃을 '바스러지게 껴안고 가리라'는 의지를 표명한다(「꽃이 내게로 오다」). 그것은 '내 안에 넘치는 나를 덜어내는' 지난한 수행에 다름 아니다.

신정아 시인의 내면 풍경에는 어머니, 할머니에 대한 회

억이 중요하게 자리 잡고 있다. 「오동나무」는 오동잎 차와 약손으로 급체와 복통을 다스려 주던 할머니에 대한 추억을, 「등나무」는 어머니에 대한 기억의 심상을 심도 있게 형상한 경우에 해당된다. 어머니의 이미지를 꿰뚫어 낸 등나무 아래에서 시적 화자는 "등나무 나이테가/ 실타래마냥 굽이굽이/ 감긴다. 올라갈수록/ 어머니처럼/ 굽은 등이 된다.// 엎드린 등이/ 비를 맞는다.// 솜털 박힌 잎사귀 한 장/ 걸치지 않은 지팡이 될지라도/ 오늘까지 그늘을 내어주고 있는"과 같은 온전한 형상화의 과정을 보여준다. 중층적 표현과 상징적 이미저리의 처리도 능숙할 뿐만 아니라, 뒤로 갈수록 점진적 심화가 자연스럽게 구현되어 있다.

    그는 깊고 넉넉한 호흡으로 「허수아비를 사랑하다」 「말일을 기다리다」 「놓다」 「나에게로 오다」 같은 다양하고 심도 있는 작품을 빚어낸 역량의 신진이다. 뿐만 아니라, "어디든 내 방이고/ 어디든 내 방이 아닌 짐승을/ 찾아오는 이는 흔치 않다"(「방의 존재」) 같은 표현에서 확인되는 입체적 공간 상상과, 소외 및 상황적 현실의 형상력, 날카로운 인식과 기발한 상상력의 재치 넘치는 표현의 「사랑니」 등, 신정아의 작품들은 삶과 인식의 실존적 차원을 열어 보이는 수준급이다.

최진영은 현실적 현상의 리얼리티를 시작詩作의 근간으로 삼고 있다. 사상事象의 현상을 예의주시하며 그 이면에 잠복해 있는 사물의 이치와 미묘한 기미를 기지機智의 언어로 구현해 낸다.「연어」,「지하철에서」,「아이스 아메리카노」의 작품에서처럼, 그는 우리들 일상의 환경과 정황적 풍경 속에서 시재詩材를 찾고, 새로운 시적 논리를 확보해 간다.「연어 1」은 출근길 지하철 풍경을, 산란을 위해 북태평양에서 남대천까지 회귀하는 연어의 이미지로 비유하며 표현한 흥미로운 작품이다.「연어 2」에서 시인은 '해류에 몸을 실은 채/ 힘을 아끼'며 바다가 끝나고 강에 이르는, 먼 길 여행을 사실적寫實的으로 표현하고, 산란을 위해 강을 오르고 폭포를 뛰어오르는 힘겨운 전진을 묘사한다. 그 삶의 양식은 보다 적극적인 인간적 상황으로 전환되어, 편의점 진열대 위의 상품들이 취업난의 면접장 풍경을 연상시킨다. 팔려야 살아남는 상품들, 그것은 마치 살아 있는 생물처럼 화자[구매자]의 눈길[선택]을 받으려고 바닥으로 몸을 던지기까지 한다. '안 팔리면 죽으니까' 취하는 절체절명의 상황, 이 활물화의 장면은 절박한 인간의 비유적 상징을 대변한다.

　"반대편 선로에/ 지하철이 지나간다// 죽는 순간의/ 파노라마처럼/ (……) // 내 삶도/ 그대들의 삶도/ 이렇게 스쳐 지나가는 것"(「지하철에서」). 이처럼 '무수히 많은 삶을 제대로 보아 줄 틈도 없이 지나쳐' 가는 맹목적이고 허무한 일상이 시인의 날카로운 현상 포착과 재구성으로 실현된다. 「연어」에서 보여준 연상적 비유의 방법은 「아이스 아메리카노」에서도 「빌딩 파도」에서도 잘 활용된다. 「죄다 별이 된다면」은 이념에 갇힌 사회의 무분별한 별[영웅] 만들기를 비판한 작품이고, 「참전용사」는 그 반대편의 쓸쓸한 풍경을 그린 작품이다. 갈라진 논바닥처럼 거친 손의 참전용사의 배지는 빛이 바래어 광채를 잃었고, 입가에 침이 삐어져 나온 그는 '손수레에 빈 박스를 시신처럼 태우고/ 노을진 광교'를 걸어간다. 머리칼에서 진한 화약 냄새가 나는 그 허름한 행색의 참전용사에게는 오늘의 현실이 '아직도 전장이다'. 시인은 현실의 불합리와 소외된 곳을 포착하여, 무엇이 정당한 삶이고, 맹목적 기계적 삶인지를 시적 형상을 통해 묻게 한다.

 예리한 관찰과 흥미로운 상상으로 그린 「낚시질」은 자연의 이법과 우주적 섭리를 예고한 작품이기도 하다. "바다거북의 성별을/ 결정하는 건 땅의 온도"로 부화되기까지 알이 묻혀 있는 땅이 "30도 이하면 수컷/ 30도 이상이면 암컷"이 되는(「땅의 온도」) 이 비밀의 원리는 우주의 섭리로밖에 설

명할 수 없다. 더욱이 실제로는 99%가 암컷이 되는 이 질서는 천적에게 대부분 잡아먹히고도 남을 몇 마리를 위한 생존게임의 법칙일 터이다. 이런 현상과 자연법칙에 대한 관찰과 사유는 「해바라기」 「백야」 등에서도 중요한 특징을 이룬다.

   구름 낀 하늘
   해가 보이지 않아도
   해바라기는 해를 느낀다

   나는 언제쯤이면
   네가 곁에 없어도
   너를 느낄 수 있을까
   ―「해바라기」 전문

빛이 전혀 닿지 못하는 심해의 생명체도 빛의 힘으로 존재하듯이, 사랑이 사랑이면 멀리 있어도 그 사랑의 존재를 느낄 수 있을 것이다. 그러나 사랑은 늘 위태롭고, 불안하고, 불가항력적인 데가 있다. 시인이 경험한 병원의 상황들,

곧 「응급실에서」, 「강북삼성병원」, 「병원에서」와 사모思母의 정을 그린 「엄마」 등이 그렇다. "하나님은 대단하시지?/ 지구라는 화분을 잘도 가꾸시잖아"라는 시 「화분」의 끝 부분은 사랑의 큰 힘을 상징적으로 말해 준다. 현실 혹은 현상의 리얼리티와 날카로운 변주, 자연의 원리와 근원적 사유의 천착은 최진영 시인의 기대치요 가능성이다.

청년시인 첫 동인시집의 네 사람은 4인 4색의 각기 다른 호흡과 색깔의 작품들로 그 개성들을 선보이고 있다. 독자들은, 아직 미숙한 구석이 없지는 않지만, 그 네 신진시인의 특색을 가늠하며 읽는 재미가 쏠쏠할 것이다. 단시형에 집중한 김준호와 길이나 시상詩想 면에서 더러 유사성을 보인 김경진은, 후기로 올수록 짧은 시를 발표하고 있는 이시영 시인이 최근에 쓴 '시작노트'(계간 『시인수첩』)를 참고하기를 권하며, 옮겨 적는다.

짧은 시란 참 쓰기 어렵다. 조금만 시적 긴장을 잃어도 허물어져 버리기 때문이다. 그러나 잘 건축된 소품은 시계의 시간에 밀리지 않으면서 '다른 작품의 시간'을 산다. 한 번도 이루어 보지 못했지만 그런 시간을 사는 작품을 쓰고 싶다.

젊은 시인이들여, 안주함이 없는 각고면려로 이 우울하고 난삽한 시대에 빛나는 정신의 가객이 되기를 기대하며, 박수를 보낸다.